너의 이름으로

한경옥 5집

　　　　　　　　　　　　　　　　　　　　님께
....

　　함께 있으면 좋은 사람에게 이 책을 드립니다.

　　　　늘 건강하시고 행복하세요.

　　　　　　　　　　　　　　　　　　　　드림
....

　　　날짜 :　　　　　　년　　　　월　　　　일

책을 펴내면서

아기 때부터 유난히 할아버지를 좋아해 언제나 나란히 잠을 자고 제집으로 돌아갈 때가 되면 차에 앉으며 시작된 울음이 주차장을 울리고 내 눈물을 빼고서야 간신히 출발을 한다 .
이제는 조금 컸다고 초등학생이 되어서는 아무렇지 않게 안녕을 말하고는 떠나버리는 녀석.
큰맘 먹고 전화를 걸어 통화를 해도 몇 마디 끝에 실려 오는 짧디짧은 대답 한마디.
그렇게 커가는 거지 여기던 어느날.
제법 높아진 어조로 전화를 걸어왔다.
"할머니! 저 시 지었어요!"
한 번도 생각하지도 않았고 상상도 해 보지 않았던 일.
자랑스레 글을 읽어 주는 손주에게 칭찬을 해 주고 5집에 실어주겠다는 약속을 했다.

유난히 넓고 길었던 여름.
모두의 힘든 시간 뒤로 숨통이 트이는가 하던 가을이 그리 길지 않을 것이란 일기예보가 조금은 서운하고 아쉽지만 그래도 우리는 이 가을을 살아가니 대견하다.

이 가을 날.
손주의 글 두 편도 싣는 5집을 준비하면서 다른 때보다 더 의미 있고 행복하다.
다음을 기약할 수 없다 해도 5집을 기억할 손주의 앞으로의 모든 시간에 그것이 무엇이든 꿈꾸는 청년으로 어른으로 자라 언제나 꿈을 그리는 한결이가 되기를 소망한다.

                                        2024년 11월 일
                                        노월 한 경 옥 시인

제 1부. 사랑이 꽃잎 되어

가을 길	14
가을 하늘	15
갈	16
감기	17
겨울 속에서	18
겨울 속으로	19
겨울	20
겨울비	21
계방산	22
골담초	23
곰배령	24
구름	25
궁남지	26
귀가	27
그 남자	28
그게	29
그녀	30
그리고	31
기다려 봄	32
기다림	33
길 따라	34
까치집	35
꽃무릇	36
꽃잎	37
꿀떡	38
꿈	39

제2부. 내 마음의 온도 ✖✖✖✖✖✖✖✖✖

나란히 · 42
낙화 · 43
날다 · 44
내 마음 · 45
내가 사랑하는 당신이 · · · · · · · · · · · · · · · 46
내가 있잖아 · 47
너 누구니? · 48
눈 · 49
눈 따라 · 50
님 · 51
다시 꽃으로 · 53
도토리 · 53
길 · 54
마라도 · 55
마스크 · 56
마중 · 57
막내 시누이 · 58
막내아들 · 59
만남 · 60
모이다 · 61
무봉산 속으로 · 62
바람처럼 · 63
밤바다 · 64
방울새 · 65
벚꽃 · 66
보물 · 67

제 3부. 뜨락에 핀 글꽃

보자기 · 70
봄 · 71
봄날 · 72
봄바람 · 73
봄비 · 74
봄소식 · 75
봄이 오는 길 · · · · · · · · · · · · · · · · 76
訃告(부고) · · · · · · · · · · · · · · · · · · 77
北風寒雪(북풍한설) · · · · · · · · · · 78
불쌍한 닭 · · · · · · · · · · · · · · · · · · 79
비 같은 그리움 · · · · · · · · · · · · · · 80
비가 내리면 · · · · · · · · · · · · · · · · 81
飛行(비행) · · · · · · · · · · · · · · · · · · 82
빈자리 · 83
四季 · 84
사랑 · 85
사랑은 · 86
사춘기 · 87
삶 · 88
삼칠일 · 89
상장 마을 · · · · · · · · · · · · · · · · · · 90
상처 · 91
샘물 · 92
서대문 형무소 · · · · · · · · · · · · · · 93
선자령 · 94
설 · 95

제 4부. 숲속의 향기

손	98
松花	99
쇠똥구리	100
순리	101
술	102
신발	103
아버지	104
아픈 사랑	105
아픔	106
안개꽃	107
안녕	108
안부	109
애플망고	110
약손	111
언제나 그리움	112
엄마는	113
엘리베이터	114
영산홍	115
永永	116
오늘은 비	117
오리	118
오빠	119
옥수수	120
외씨버선 길	121
우리	122
우리는	123

제 5부. 나들목의 향기

우박 · 126
우연 · 127
운명 · 128
유전자 · 129
이별 · 130
이제 · 131
자벌레 · 132
장마 · 133
주산지 · 134
진달래 · 135
찔레꽃 · 136
차 단지 · 137
천국과 지옥 · · · · · · · · · · · · · · · · · 138
청령포 · 139
청포도 · 140
치매 · 141
친구 · 142
카라처럼 · 143
클로버 · 144
키 재기 · 145
風 · 146
하나 · 147
하늘 · 148
상처 · 149
할아버지 · 150
행복 · 151
혼돈 · 152

제1부
사랑이 꽃잎 되어

가을 길

길고 긴 여름이
가을 문턱을 넘고서도
주인 행세다

저만치
서 있는 가을은
걸음도 떼보지 못하고 있다

이제는 여름도 지쳤는지
풀숲에 주저앉아
딴죽이다

이해의 가을은
와야 할
길을 잃었다

가을 하늘

윤슬초 2학년 이 한 결

데굴데굴 도토리
푸른 가을 하늘
스르륵스르륵 은행잎
단풍잎 쌓이는 소리

갈

언덕배기 가득한 감국 꽃
노오란 향기가
단풍 든 산을 오른다

솔바람을 떨쳐내지 못한
퇴색된 나뭇잎
푸르렀던 청춘은
서러움이 아니라 그리움이 된다

발끝에서 바스락대는
낙엽
따라 걷고 있다

감기

봄 향기가
하늘까지 물들어
흔들리던 5월

감기에 휘감겨
계절은 거꾸로만 가고
이내 내가 아닌 내가 되었다

안부를 물어온 친구 전화에
한바탕 웃음을 쏟아내고서야
나의 계절은
다시 봄이 되었다

제철의 감기를
앓고 있단다

겨울 속에서

겨울이 내려앉은
숲이
조금씩 들썩인다

옅은 바람에
진달래가
서둘러 꽃망울을 내놓고

아슬아슬하게
낮과 밤을
오간다

봄을 기다려야 한다고
매일 속삭여도
외면이다

그들은 이미
그들만의
봄을 살고 있다

겨울 속으로

겨울 사이로
삼월의 봄바람이
꼬리를 친다

때아닌 훈풍에
숲속은
머리를 젓는다

발바닥으로
전해지는
대지의 노래

바람이
달다

겨울

유난히 짧은 낮 시간
해는 서둘러
하루를 산다

봄을 기다리는
가지를 어루만지고
바람을 쓰다듬는다

꽤 오랜 시간 세상은
겨울 속에 갇혀
서두르지 않는 봄을
보듬고 있다

겨울비

오늘은
온종일
너만 보기로 했다

너를 바라보고
내게 온 바람을
너에게 보내기도 하며
젖은 하루를 달래기로 했다

촉촉해진 겨울과
목 축인 봄을 하나로 묶어
겨울 창가에
걸어두기로 했다

계방산

숨이 턱밑에서
가쁜 숨을 몰아쉬고
무거워진 발걸음이 제자리를 맴돈다

눈 덮인 산속으로
발자국이 길을 내고
한참을 오른 계방산

빗물이 가지 끝에 갇히고
나무는
얼음 옷을 입었다

햇살이 들어와
어느새
얼음별이 되어 반짝인다

골담초

나 어릴 적 장독대 옆으로
봄이면 노랗게
귀여운 몸짓을 하고
피어나던 골담초꽃

가까이 갈라치면 살그머니
가시를 내밀어
발걸음 멈추게 하고는
혼자 수줍어한다

기억 저 너머에 있던 골담초
아파트 단지 안에
한 그루 나무를 덮으며
노랗게 꽃을 피웠다

곰배령

점봉산 넘는 고개 위로
넓디넓은
천상의 화원이 펼쳐있다

한여름
곱게 피운 꽃들이
평화롭게 하늘 그네를 타고

서둘러 오른 이들이
꽃 되어 돌아가면
곰배령은
이른 저녁을 맞는다

구름

가을 햇살 따라
깊어지기 시작한
하늘

구름도 덩달아
신바람 나서
하늘을 난다

아침노을이
볼 붉히던 날
바다는 잠잠한데
구름이 파도를 친다

궁남지

연이
빛바랜 줄기만 남기고
짙어진 가을 햇볕에
젖어 들고 있다

앙상하게 남은
수양버들
힘없는 잎을
궁남지로 날려 보낸다

바람은
그네에 걸터앉아
흐르는 대로 구르다
해거름 녘이 되어 긴 숨을 삼킨다

귀가

아주 조금씩
일상을 설레게 하던
여행을 시작한다

저만치 가 있는 마음이
돌아서 외면할 때쯤
집으로의 그리움이 시작된다

그렇게 늘
그리워하던 곳으로 떠나고
돌아오기를 반복한다

여행은
언제나
시간을 찾고 있다

그 남자

이따금
남편의 전화기를 타고 들려오는
유랑자 같은 그 남자 이야기

긴 머리
질끈 묶고는
바람 따라다닌다

언제나 홀로 남겨진
그의 아내
먼 데 남편이 못내 서럽다

바람 같은
그 남자가
제주에 산다

그게

세상살이에 조금 서툴고
모두를 낯설어 해도
걱정 말아요

때론 계산이 조금 다르고
어수룩해도
불안해하지 말아요

흔들리는 걸음도
가만히 보면
잘 가고 있으니까요

그게
나예요

그녀

얼음이 깔린 산길로
두 팔을 하늘로 접어
살금살금

행여나
중심을 잃을까
종종걸음

아기 새의
여린 날갯짓처럼
노랗게 퍼덕인다

그리고

비탈진 길로
달음박질하는
개구리 한 마리

그 뒤를
바짝 따라가는
뱀

놀라 멈춰 버린 내 발걸음
돌아보지 못한 채
산길에 서 있다

그들의
삶과 죽음이
오늘에 달렸다

기다려 봄

지난밤
어둠을 달래며
하얀 몸짓으로 내린 눈

피어오르다 만
진달래꽃 봉오리를
하얗게 덮고 있다

찬바람이 잦아들 동안
눈 속 겨울에서
봄날을 꿈꾸기로 했다

기다림

아침이면 분주히
남편을 배웅하고
아이의 등을 떠민다

일상은 아주 조금씩의 변화만 남기고는
낯설지 않게 흐르고
혼자인 하루가 집안을 맴돈다

어느 날 문득
꿈에서조차 혼자 앉아 있는 나는
서럽도록 아버지가 그립다

꿈길에서 만나기로 약속을 해 볼까
길 잃고 못 찾아오시는 건 아닌지
오늘도 기다려본다

길 따라

산으로 가는
길 따라
비가 지나간 흔적

골짜기에서 만나
물 흐르는
소리를 낸다

물이 지나간 자리로
낯선 길이 생기고
바람도 길을 따라간다

까치집

울타리 아래
커다란 은행나무 꼭대기
얼키설키 지어진 까치집 하나

가을을 털어낸 가지
텅 빈 집만
가지 끝에서 떨고 있다

주인조차 빌길이 끊기고
바람만 머물다
이내 돌아선다

눈발이 날리면
집 위엔 차디찬 겨울 만이
까치를 기다리겠지

꽃무릇

불갑산 오르는 가파른 언덕길
뿌리를 간신히 견디어
핏빛 꽃을 피운 꽃무릇

몇 그루 살며시 담아 와
아파트 화단 햇살 가득한 곳에
가지런히 심어놓았다

무성한 잎이 스러지고
9월이 와도
꽃을 잊은 채 그렇게 삼 년

눈길이 조금씩 잦아들던 날
무심히 돌아본 그곳에
여덟 송이 꽃
긴 목을 빼고 빨갛게 서 있다

꽃잎

비에 흠뻑 젖은 산을
돌아오는 길
한바탕 비바람에 흩날린
벚꽃잎

어느 틈에 신발에 실려
나를 따라와
텅 빈 신에 살그머니 앉아
빙긋이 웃고 있다

꿀떡

무지갯빛 꿀떡
사이좋게
담겨있다

아버지 힘든 시간
꿀떡의 달콤함에
녹아들었었다

이제는 먼발치에서만
바라보게 되는
빛 고운 꿀떡

꿈

지난밤 꿈
한참을 헤매다
아버지를 만났다

아주 이따금 찾아오셔도
언제나
목소리가 없다

참 많이 그리운
얼굴을 뵈었으니
꿈이어도 좋다

소리 없는 꿈일지라도
꿈일지라도

제 2부
내 마음의 온도

나란히

가지런히 벗어 놓은
신발 위로
낙엽이 내려앉았다

다시 맞는
이 가을이
내 흔들리는 발자국 따라
나란히 걷고 있다

낙화

아주 긴 기다림 끝에
세상을 달래는
봄비가 내린다

고운 웃음 만발하던
벚꽃이
피할 곳 없이
온몸으로 비를 마주하고 있다

떨어지는 꽃잎에 머물던 마음이
이제는 여리게 나오는 잎을 만나
기꺼이 웃으며
떠나는 꽃잎을 본다

언제나
그렇게
떠나고 있었던 건 아닐까

날다

자유하지 못했던
내 젊은 날

숲으로 들어오는
햇살 따라
하얗게 반짝인다

이제
날갯짓을 해
숲속 시간을 살고 있다

내 마음

나를 두고
저만치
가 있는 마음

떠나지도 못하면서
언제나
먼저 나선다

지쳐갈 즈음
멋쩍은 미소로
손 내밀며 오고 있다

내가 사랑하는 당신이

내가 사랑하는 당신이
손 내밀면 닿을 수 있는 곳에
있었으면 좋겠습니다

내가 사랑하는 당신이
부르면 대답할 수 있는 곳에
있었으면 좋겠습니다

내가 사랑하는 당신이
달려가 안길 수 있는 그곳에
있었으면 좋겠습니다

내가 있잖아

언제나 홀로 서 있던
내게
그가 다가온다

긴 기다림의
아린 상처 위로
그의 말이 솔솔 뿌려진다

영원히 들을 수 없을 것
같았던 말
"내가 있잖아"

너 누구니?

봄이 소곤대는 산길에
이름 모를 꽃이
조용히 피었다가
소리 없이 지고 있다

어찌나 작은지
눈을 마주치지 않고는
아무도 모를
연분홍 꽃

아침마다
말을 걸어도
대답 없이
수줍게 웃고 있다

눈

눈이
눈으로
들어온다

눈 깜짝하는 사이
녹아
내 눈물이 된다

눈 따라

눈이 쏟아져 내린다
자꾸만
마음이 눈을 따라가는 이런 날

하늘에 계신
아버지는
무얼 하고 계실까?

님

가을을
담고 있는
당신은

산자락 끝에
자리 잡은
투명한 삶을 사는
촌부의 하얀 미소처럼

아니면
굴뚝 연기
하얗게 피어오르는
그리움처럼 다가오십니다

기억할 수 있는 것이
아무것도 없지만
추억할 것을 찾으러
오늘도 서둘러 오십니다

다시 꽃으로

한평생
하나님과 꽃을
사랑했던 안 권사님

영원히
하늘나라의
꽃이 되었다

도토리

투둑투둑
누렇게 여문 도토리
숲으로 내려오고 있다

한가하던 다람쥐
오랜만에
분주한 가을로 달리고

단단히 채비를 한
아낙네
도토리를 줍느라 분주하다

숲 사이로
소리 없는 쟁탈전이
시작되었다

길

내 하나의 사랑이
멀어져 간다
내 하나의 사람이
떠나간다

따라나서지도
붙잡지도 못하고
내가 떠나보내고
나만 떠나간다

오솔길로
발 들여 논 햇살이
바람에 흔들리면
따라나서야지

마라도

송악 선착장으로
설렘을 쥐고
줄지어 선 사람들

조용히 바다를 담고 있을 즈음
다다른 남쪽 끝
자그마한 섬

그림 같은 성당
마당 끝으로
햇살은 바다에 누워 노닐고

흐릿한 불 밝혀 논
교회 낡은 문을 열어
감사의 기도 한 줌 내려놓고

바다에 둘러싸인 섬을 천천히
그리고
사랑스럽게 어루만진다

마스크

버려진
검은 마스크 하나
꽃이 나무를 덮은
이팝나무에 걸려있다

핀잔을 주어도
오가 지도 못하고
하얀 꽃 속에서
까맣게 나부낀다

마중

숨죽인 는개가
하늘을 서성이던 날

차 안 가득
나를 싣고
강원도로 향한다

여행 내내
비가 오가며
여름을 떨쳐낸다

둘이 떠났다가
가을과 함께
셋이 돌아온다

막내 시누이

깊어진 밤
어둠 속으로
시누이의 손이
시간을 다툰다

늘어진 주름이
오똑하게 날을 세우고
삶에 지친 옷가지가
말끔하게 단장을 한다

차마 떨쳐버리지 못하는
해어진 옷이
거칠어진 손끝에서
아침을 맞는다

막내 시누이의 세탁소는
따뜻한 해가 드는 언덕에서
언제나 부지런히
매일을 산다

막내아들

육십을 훌쩍 넘긴
막내아들의 손에 쥐어진
꼬깃꼬깃한 지폐 뭉치

손주들의 주머니에서 나온
할머니의 용돈은
언제나 가는 곳이
정해져 있다

백세를 넘긴
어느 어머니의
막내 사랑법이다

만남

침대 두 개가
나란히 늘어선
2인 병실

지나다니는 발걸음에도
흔들리는
커튼 사이로

권사님인 엄마와
스님이
나란히 누워 있다

소리 없이
각자의 기도를
삼키고 있다

모이다

해가
긴 그림자를 늘어뜨리며
뒷걸음질 칠 때
옥상으로 올라간다

물을 떠난 커다란 새우가
온몸을 다해
상자를 뒤흔들어도
우리는 귀 기울이지 않는다

햇살이 파라솔을 무색하게
비껴갈 때도
옛이야기는 즐거운 그네를 탄다

저음으로 마주한
우리의 추석이
별처럼 빛나고
보름달은 옅게 웃고 있다

무봉산 속으로

햇살이 간신히 산자락으로
팔을 늘어뜨릴 즈음
무봉산 숲길을 뒤흔드는
경찰들의 분주한 발소리

누군가 남겨 논
마지막 흔적
작은 산 끝에서
멈췄단다

그는
어디로 간 걸까

바람처럼

입추가 몰고 온 바람에
가을 향기가 묻어 있어
코끝을 간질이며 웃고 있는데
어제 이미 잊은 듯한 내 사랑은
또다시 그리운 날을 시작합니다

해님은 커다란 입을 벌려
조금씩 지쳐 가는
녹음을 삼키려 하고
널어놓은 빨래 사이로
들어오려 애쓰는 바람에는
내 그리운 이의 미소가 묻어있습니다

길고 긴 하루가
그렇게 시작되었습니다
보이지 않게 다가와
존재를 알리고는
어느샌가
저 멀리 가 버리는 바람처럼

밤바다

햇살에 안겨
끝도 없이
파도를 나르다
바다 끝으로 해를 보낸다

햇살이 걷히고
어둠이 바다를 물들이면
파도를 베고
깊은 잠을 잔다

방울새

숲을 비벼대는
갈잎 사이로
방울새가 쏜살같이 파고든다

가으내
들깨밭을 서성이다
겨울바람 따라
산속을 날고 있다

조롱조롱
재잘거리는 소리에
숲은 조용히 도리질이다

벚꽃

겨우내
웅크리고 있던
빈 가지 위로
눈부신 꽃이 나무를 휘감는다

꽃향기가
바람에 젖어들 무렵
하나둘씩
하얗게 바람 따라 흐른다

대지로 온 봄은
꽃으로 피어나고
다시 꽃으로
지고 있다

보물

작은 불빛 하나
그게
나라는 것을
모르고 살아가고 있다

때때로
스스로
빛을 내고 있나고
믿고 산다

그가 있어
내가 반짝인다는 것을
까마득히
모르고 살았다

서로의 거울이 되어
내가 웃어야
그가 웃는다는 것을
이제는 안다

제3부
뜨락에 핀 글꽃

보자기

펼쳐진 보자기 안으로
해맑은
손이 들어온다

볼 빨간 과일이
살포시 안기고
조금은 낯설어 하는
고기도 담긴다

추석을 따라
보자기 속으로
가을이 담겨온다

봄

비가 내린다
오늘도 태연하게
비가 내린다

겨울이
파랗게 서 있는데
봄날 같은
비가 내린다

소리 없이
아무도 모르게
봄이 자라고 있다

봄날

형형색색
꽃들의 노래

우리는
향기로 듣는다

봄바람

어제는
훈풍이
여심을 흔들더니

오늘은
봄을
흔들고 있다

봄비

바람만 오가던 나뭇가지 위로
어제오늘 내린 빗물이
오롱조롱 매달려 있다

나무를 적시며
타고 내린 빗물
물꽃을 만들어 흐른다

흠뻑 물오른 줄기 끝
금방이라도
참았던 숨을 터뜨려
잎을 내놓을 기세다

봄소식

또 한 장의
낯선
달력을 열었다

긴 겨울의 그림자가
사라지고
꽃이 만발이다

길을 걷던 마음에
조금 남아있는
겨울의 잔재가 소리를 낸다

봄은
벚꽃을 앞세워
우리에게로 오고 있다

봄이 오는 길

봄바람에 발길조차 길 잃은
방아머리 해변으로
수많은 사람들이
봄볕을 찾아 모여든다

텅 빈 바다로
아직은 찬 기운이 남아있을 펄에
바지춤을 걷어 올린 발자국을
성큼성큼 잘도 떼고 있다

바닷바람에 조심스레
입을 떼기 시작한 벚꽃
봄이 꽃으로 온다
향기로 오고 있다

訃告(부고)

산수유가
노란 봉오리를
살찌우고 있던 봄날

간간이 들려오던
시숙의 병환이
부고로 들려왔다

어찌해 볼 수조차 없는
무수한 癌(암) 세포를
떨쳐내지 못했나 보다

北風寒雪(북풍한설)

회오리치던 바람
눈과 함께
고요하던 숲으로
달려간다

눈 감고 있던
나목
신음 소리를 내며
가지를 비벼대고

눈으로 물든
희뿌연 산속
눈바람에
온종일 아우성이다

불쌍한 닭

윤슬초 2학년 이한결

토요일에
치킨을 시켜 먹었어
불쌍하지만
너무 맛있어
치직치직 튀겨서
치킨인가?

비 같은 그리움

겨울을 쫓던 햇살이
밀려난 자리 위로
비구름이 성큼 내려와 앉아
고독한 나를 흔든다

닫아 놓은 창문 밖으로
서러움에 사무친 그리움을
씻어 내기라도 하듯
통곡하며 비를 쏟아놓는다

내 상념 어디 둘 곳이 있다고
채근하며 조르는지
바람도 맘 놓고 나다니는
싸리문 울타리 안에
나 홀로 서 있다

비가 내리면

간신히 가지를 비집고 나온
새순 위로
지난밤부터 내리기 시작한 봄비에
온몸이 젖어 들었다

가지에 매달린 빗방울
행여 떨어질까
나무는 온종일 숨죽이고 있다

바람에 흔들릴까 조심조심
빗방울도 덩달아
숨을 참고 있다

참으로 오랜만에
나무의 신바람 나는
소리를 듣는다

飛行(비행)

굉음을 뿜어내다
몇 번의
날개 퍼덕임 끝에
비 내린 활주로를 달린다

거대한 몸뚱이를 뒤뚱거리다
이내
고개를 쳐들고는
구름을 지나친다

하늘을 난다

빈자리

사람 살아가는 일에
누군가를 만나고
떠나보내는 일은
언제나 익숙지 않다

떠나는 사람은
뒤를 돌아다볼 뿐
나만 홀로
낯선 이별을 마주하고 있다

오늘이 그렇다
나는 오늘
그리운 이들이 떠난
빈자리만 맴돌고 있다

四季

입안 가득
생명을 뿜고
땅 위를 걸어오는 봄

아무도 모르게 달려와
지친 기색으로
대지를 흔드는 여름

어느새 높아진 하늘로
수채화가 그려지면
세상도 그림이 되는 가을

긴 잠으로의 여정에
하얗게 마중 나오는 겨울은
하늘에서 온다

사랑

잘 견디던 아픔 위로
힘겨움이 내려앉으면
마음엔
잔물결이 인다

건네는 말이
신음 소리를 내고
남편은 덩달아
울어버린다

눈치 보던 사랑
이내 뒷걸음질을 치고
숨죽인 시간 뒤에
소리 없이 와 서 있다

사랑은

함께 있으면
이유가 없어도
그냥 행복한 것

내가 존재하는
이유가
그에게서 시작되는 것

그에게서
내가
보이는 것

사춘기

언제나 어린 동생의
손을 잡고
학교로 향하던 오빠

어느 때부터인가
여동생 홀로
문을 나선다

엘리베이터 안에서도
저만치에서
서로 낯선 얼굴이다

오빠의
지독한 사춘기가
시작되었나 보다

삶

숨죽여 삼키던
눈물 소리에 놀라
화들짝 몸을 일으킨다

작은 바람에도 흔들리다
멈춰 돌아보면
언제나 그 자리

숨을 고르다
마주한 고단한 삶
살아있으니 되었다

삼칠일

오래된 친정집 사랑방에서
큰딸이 태어나고
아기의 울음이
조용하던 집을 오갔다

어머니는 세끼 새 밥에
미역국을 끓여대고
손녀의 육아를 시작했다

그 옛날 가축을 손수 잡아
가족을 배부르게 했던 일이
아버지에게는
아기를 볼 수 없는 금기였다

삼칠일이 지나고 나서야
멀찍이서 보시고는
차마 안아보지 못하고
안방으로 가시던 아버지

그 사랑으로
손녀는 곱게 자라
세상에 서 있다

상장 마을

조금은 오래된
마을 벽 위로
광부의 까만 기억들이
나란히 그려져 있다

그 옛날
석탄을 뒤집어쓴 채
눈동자와 이만 하얗게 빛나던
광부의 삶

처마 밑
줄지어 선 그릇
가득 채운 채소 위로
빗물이 차오른다

이제는
추억만이 남아있는
그 마을은
아직도 채탄의 시간을 살고 있다

상처

작고 여린
네 발가락 끝
엄지발가락

돌부리에 차인
작은 상처
하나

동여맨 지 며칠
어느새 돋아난
새살

수십 년을 지나도
아물지도 지워지지도 않는
아려오는 마음의 상처

마음에
꽃무늬 밴드라도
붙여볼까?

샘물

그리 크지 않은
샘터
작은 새가 찾아와
목을 축이고 간다

시작을 알 수 없는
그 끝에서
샘은 신나게
물을 뿜어내고 있다

샘물과 사랑은
많이도
닮아있다

서대문 형무소

조국을 사랑하는 것이
죄가 되어
목숨이 흔들린
통한의 세월

나라 위해 바칠
목숨이
하나인 것을 원통해하던
그녀

불빛도 숨죽인
단두대에서
꽃향기 실린 봄바람을
마주한 그

시구문을 나서고서도
그들은
지금도 그 자리에서
아픈 역사를 어루만지고 있다

선자령

눈으로 뒤덮인
선자령 가는 길옆으로
파도 소리를 내며
돌아가는 풍력발전기

맑은 햇살에
덩달아
동그라미를 그리며
하늘을 난다

나무를 감싼
하얀 雪華(설화)
숲으로 들어간 이들도
눈이 되어간다

선자령에는
겨울이
살고 있다

설

명절을 며칠 앞둔 마트마다
선물 상자가
커다란 입을 벌리고 있다

나란히 줄지은 상품들
색색의 옷이
불빛에 반짝이고

갖기지 전을 부치고
서둘러 만든 반찬이
손님들을 유혹하고 있다

마트는
우리보다 먼저
설을 쇠고 있다

제4부
숲속의 향기

손

꽤 여러 날 만에
시아버님을 뵈러 간다

힘없이 반기는
하얀 손
창백한 손끝으로
반가움이 느리게 내게로 온다

홀로 고독했을
요양원의 시간
힘겨운 시간 뒤로
만남은 언제나 그리움이다

작별 인사에
나란히 다가오는
두 손으로
아쉬운 그리움이 눈물을 흘린다

松花

소나무 끝마다
하늘 보고 올라가는
꽃송이

커질 대로 커진
몸집을 열어
노란 꽃가루를 날린다

달콤한 향기에
한낮의 봄은
게걸음을 걷고 있다

쇠똥구리

똥 구슬을 만들어 물구나무로
부지런히 굴려
집으로 간다

새끼를
낳아 기를
둥지로 가는 길

한참을 앞을 못 본채 가다
똥 구슬 위로 올라가
하늘을 보고
이내 다시 달린다

우리와 같은
별과 태양을 보고
제 집을
잘도 찾아간다

순리

깊은 겨울 끝에
봄이 기지개를 켜면
홀로된 그리움은
언제나 눈물과 손잡고 온다

간신히 걸음을 떼는 봄
겨울은 품에서
봄을 내어놓고

마음은 자꾸만
밖으로 달려가
조각난 채 헤매고 있다

술

벌게진 얼굴에
언제나 익숙하지 않은
그가 있다

흔들리는 걸음걸이
말은 꼬리를 남기고
미끄러져 내린다

알아듣지 못할
말들을 쏟아내다
이내 감겨버리는 눈

그 안에
누가
살고 있을까

신발

조금은 지쳐있는
우리 두 사람의 신발
덩그러니 남아있어도
눈이 가지 않는다

큰 신발 사이로
작은 운동화 한 켤레
허리춤에 두 팔을 올리고
당당히 웃으며 서 있다

신발만 보아도
미소가
절로 나는
손주의 운동화다

아버지

거대한 함정이
아버지를 싣고 월남으로 향하고
가슴 언저리 깊게 박힌 총알이
커다란 흔적을 남기고서야
비로소 자유가 되었다

궂은 날이면
상흔 위로
무거운 아픔이
깊은 침묵으로 흐르고
아버지는 한없이 작아졌다

수없이 많은 날
아버지의 뒤척임은 언제나
눈과 비를 못 견뎌했다
그럴 때마다 술 한 잔이 고통으로 젖어 들어
곤한 잠에 비로소 다리를 뻗는다

그렇게 아버지의 시간은
힘겹지만 고요하게 흘렀고
삶의 끝에서도
스스로를 대견하게 여겼던 아버지를
지금은 우리만 기억하고 있다

아픈 사랑

운동 나간
엄마의 힘을 잃은 다리
어스름에 주저앉고서야
멈췄다

折骨(절골) 된 손목
비명을 지르며
엄습해 왔을
죽음 같았을 통증

자식들의
편안한 밤과 맞바꾼
긴긴밤
고독한 사투

엄마의 지독한
자식 사랑은
어둠 속에서도
아프게 지켜졌다

아픔

추수 끝난 지
얼마 안 된
사과나무에
연분홍 꽃이 피었다

지구는
가쁜 숨을 몰아쉬며
열기를 토해내고 있다

봄꽃들이
계절도 잊고
눈도 붙여보지 못한 채
철없이 꽃을 피우고 있다

돌풍에 겨울이
휘감겨 오고 있는데
꽃은 봄처럼 웃고 있다

안개꽃

고운 친구
손잡고
봄을 따라나선다

꽃집을 서성이다
내 마음이 멈춰 선
꽃 화분

하양 분홍 안개꽃 따라
그녀의 함박웃음이
나를 따라왔다

창가에 앉아
하루 종일 웃는다
그녀처럼

안녕

엄마의 길지 않은
휴대폰 메시지 끝에
달려오는 말
안녕

언제나
사랑스런 얼굴로
웃고 있다
안녕

안부

홀로 일 수밖에 없었던
시간 속
함께였던 그녀에게
용기 내 안부를 묻는다

여러 날이 지나도
소리 없는 대답
다시 조심 스런 두드림에
전화기가 울려낸다

바쁜 일상에
선뜻 마중 나오지 못한
미안함이 묻은
그녀의 목소리

꽤 여러 날
나를 따라다니던 근심
그녀의 목소리 뒤로
소리 없이 뒷걸음친다

애플망고

곱게 묶인 보자기를 풀어
상자에 가득한
망고를 마주한다

눈에만 담던
탐스런 과일
반갑다고 인사를 한다

며칠
익기를 기다려
노란 속살과 만났다

그녀가 달콤하게
마중 나와
웃고 있다

약손

논밭을 종종대던
엄마의 손이
내 아픈 배 위로
원을 그린다

쑥쑥
내려가라
쑥쑥
내려가라

감기에 뜨끈해진
머리 위로
엄마의 손이
얹어진다

치료는 언제나
엄마의 손이고
마음 다한 기도는
약이 된다

언제나 그리움

삶이 한껏 힘겨워
혼자가 되었을 때
덜컹거리는 차에
오른다

멀리서 보이는
아버지 계신 곳
걸어가는 내내
눈물이 흔들린다

내 마음
가장
양지바른 곳에 계신
아버지

행여 근심을 안길까
보고 싶단 말 한마디만 건네고
흐르는 눈물에
그리움 꼭 쥐고
돌아선다

엄마는

엄마는
자식의 아픔에
뼈저려 하고

자식은
제 아픔을
기억한다

엄마의 아픔에
자식은
머리로 아파하고

엄마는
엄마는
자식의 숨조차 아파한다

엘리베이터

누군가와는
말이 바쁘고
누군가와는
시선이 제 맘대로 달리는 공간

한없이
좁고도
넓은 곳

영산홍

영산홍 꽃 한 송이
숨죽여
홀로 피어
웃고 있다

엄마 말 안 듣고
박차고 나와
분홍빛 꽃잎으로
입동을 맞고 있다

永永

먼 길
홀로 떠나시던 날
서둘러 달려가
온기가 전해질 리 없는
아버님의
빈발을 만져본다

엄습해 오는
죽음의 공포
자꾸만 희미해져 가는
백열등을 붙잡으려 애쓰다
어둠과 길동무 되어
영영 가시다

오늘은 비

지난밤 내
하늘이
어둡게 내려앉았다

금방은 아니래도
어느 땐가 몰아칠 듯
창문을 서성이더니

소리 없이
창밖에
긴 여운 남겼다
오늘은 비다

오리

실개천에 오리 한 마리
발버둥 치며
수풀을 헤친다

한참을
뒤적이다
느릿한 발짓

하루를
살아갈
여유가 생겼나 보다

오빠

5월이 시작되던 날
들여다볼수록
마음이 산산이 흩어지는
메시지 하나

흘러 흘러도
멈추지 않는 눈물
세상이 온통
눈물에 갇혀 흐릿해졌다

산을 좋아하던
오빠는
아주 높은 하늘나라로
날아갔다

하나님은 진정
오빠가
필요했던 걸까?

옥수수

높게 뻗은
줄기 끝으로
웅화수가 날개를 편다

길게 늘어뜨린 옥수수 잎이
한껏 기지개를 켜면
가지 사이로
자화수가 뽀얀 얼굴을 내민다

한낮이면 서둘러
껍질 안으로
햇살이
바람을 실어 나른다

수염이 짙은 갈색을 띠면
단단해진 껍질 안으로
터질 듯 올찬 옥수수 알
하얗게 줄지어 서 있다

외씨버선 길

먼 길 달려간
이방인들을 마중 나온 이슬비가
조용히 곁으로 온다

앞서거니 뒤서거니 이어지는
외씨버선 길 따라
그려지는 수묵화

몇 아름은 됨직한 비술나무
깊은 옹이를 드러내고
무심히 서 있다

버선 길 따라
손잡고 가는 두 걸음
오늘도
그리운 추억 하나를 적는다

우리

살아온 날이
저만치에 있는 나이
서둘러 달려온 길
이제 쉬엄쉬엄 가고 있다

젊은 날엔 시간과 함께 달렸고
이제는 시간의 富者[부자]로
게으름이 아니라
천천히 가야 하는 이유다

우리는

서로 다른
너와 내가 만나
살아도 살아도
같아지지 않던 시간

이제 조금씩
느려지는 삶
너와 나는
우리가 되어간다

새끼줄을 꼬아
다리를 놓고
둘이 나란히
가고 있다

제5부
나들목의 향기

우박

아침햇살을 삼킨
어둠 사이로
후드득후드득
우박이 쏟아져 내린다

하늘 비밀 얘기를
알알이 꽁꽁 숨겨
달려와서는
올라가지도 못하고 동동거린다

아직
비밀을 풀어 놓
생각이 없는지
눈 찌푸리고 햇살만 밀어내고 있다

우연

겨울이 한 발짝씩
뒷걸음질 치는 오후
산길을 따라가다 마주한 그가
나를 보고 서 있다

지난여름 비 내리는 산을
떨쳐내지 못해 나섰던 날
산모퉁이 돌아오던 낯선 이를 보고
흠칫 놀란 이후

봄이 가까워서야 우연히
가는
겨울 햇살을
등지고 만났다

운명

자식을 품은
어머니의 열 달이
세상으로 향하던 날

산모와 아기를 사이에 두고
선택할 수 없는 선택을
해야 했던 날

용케
어머니 품에
안긴 아기

억지로가 아니라
그 무엇도
선택이 아닌 운명이었음을

이제는
그녀도
잘 알고 있다

유전자

식탁에 앉은
손주의 손놀림에
모두의 눈길이 머문다

작은 입에
담긴 음식
제자리걸음만 하고 있다

한참을 지나도
계속 그렇게
입만 모으고 있다

딸아이 어릴 적 모습이
놀랍게도 똑같이
손주에게서 흐르고 있다

내 안타깝던 마음까지
고스란히
딸에게 이어지고 있다

이별

눈물은
어디에서 왔을까?
곱디고운
그녀에게서 왔다

그녀 가는 길 따라
뿌려진 눈물이 슬프지 않게
이 밤
하얗게 불 밝혀 주어야지

이제

방사선 치료를 위해
그어 놓은 선에
남편의 시선이 멈췄다

내겐 이제 익숙한 그림인데
일순간 멈춘 남편의 눈이
깊어져 간다

내가 겪고 있는 고통만큼
아파하고 힘겨워하는 그가
많이 안쓰럽고 아프다

더 그리운
그래서 더욱 사랑하게 되는
우리가 돼 가고 있다

이제 우리는 또 다른 걸음을 걷고 있다
가 보지 않았지만
함께여서 갈 수 있는 그 길을

자벌레

새끼 자벌레 한 마리
산을 오르는 내 옷소매 위에
천연덕스럽게
내려앉아 있다

서둘러 떼 보려 해도
엉덩이를 찰싹 붙이고는
몸을 휘젓는다

어디로 가려는 것일까?

장마

한참이 지나도 하늘은
태연히 달을 앞세우더니
여러 날 전부터
장대비를 쏟아붓기 시작했다

이제는 마을을 가두고
간신히 버티던
산자락을 흩어버리고 있다

언제나 이맘때면
긴 비에
지쳐가는 사람들이 많아진다

여름은 그렇게
장마를 지나서
우리에게 오고 있다

주산지

주왕산 자락을
오롯이 품고 있는 호수 위로
겨울의 짙은 흔적이
지붕으로 덮이고

가을 속에서 종종대던 왕버들
얼음 속에 갇혀
가느다란 호흡을 하고 있다

겨울이 가고
호숫가를 서성일
봄을
숨죽여 기다리고 있다

진달래

가을 끝에 실린 바람 소리
성미 급한 진달래는
봄을 불러왔다

분홍빛 점 하나 내놓고
매서운 바람에 덩그러니
며칠을 떨고 있다

나무를 오르내리던 햇살
겨울밤의
악몽을 떨쳐내기를 여러 날

요 며칠 포근한 바람에
아주 조금씩
꽃봉오리를 키우고 있다
아무도 모르게

찔레꽃

아카시아꽃이
향기를 다 내어주고
텅 빈 꽃잎을 던졌다

소복이 쌓인 꽃잎 위로
햇살 머금은 바람
소리 없이 머물다 간다

바람에 실려 온 찔레꽃 향기
시들어 가던 꽃잎
덩달아 설레다 잠이 든다

차 단지

두 손 가득
살포시 안겨 온 단지 하나
찻잎이 곤한 잠을 자고 있다

하얀 찻잔에 조심스레 넣은 잎
따뜻한 물에
기지개를 켜며 향기를 낸다

어머니 발길이 수없이 오르내리던
어릴 적 장독대 추억이
흙에 젖어 든 옹기장이의 숨결 따라
내게로 왔다

천국과 지옥

사이좋게 지내던 녀석들이
요 며칠
불안하게 비틀거리더니
지옥문을 열어 놓고는
어깃장을 놓고 있다

잠을 흔들어놓고
마음을 쑥대밭을 만들어 휘젓더니
이제 재미가 없는지
저만치에서 혼자 놀고 있다

마음 뒷마당에
천국으로 가는
작은 창문을
달아 놓아야겠다

청령포

청령포를 둘러싼 물길 위로
가을을 부르는
비가 내린다

우거진 소나무 사이로
조용히 자리 잡은
어가

한양 떠나온
단종의 설운 시간이
멈춰있다

觀音松(관음송)만이
어린 단종의 아픔을
한 아름 안고
오늘을 살고 있다

청포도

늦더위가
바람에 실려 흔들리던 날
친구가 안겨준
포도 한 아름

서둘러
입에 문 포도알
달콤한 향기가 난다

나를 빤히 쳐다보는
연둣빛 청포도
내 친구의 선한 기도 담고
샛말갛게 웃고 있다

치매

큰아버지의 전사 통보
그 후로 오랜 세월
할머니는 상처를
입에 올리지 않았다

치매가
할머니를 휘감고 난 후에야
원 없이
아들을 찾으러 헤매었다

어디에도 없는
스물다섯 아들을
작은방에 갇혀서도
찾고 또 찾았다

그렇게 찾아 헤매던
큰 아들을
돌아가셔서 만났을까
그날은 한없이 평온했다

친구

언제나
그 자리에서

나라는 걸
기억하게 해 주는
너

카라처럼

조금씩 비틀거리던 걸음
숲속 녹음이 젖어 들어
이제는 아무렇지 않게
봄을 만난다

온몸을 감싸던 아픔
여러 해의 봄을 지나
접었던 날개로
햇살이 들어온다

샛노랗게 올라온 카라
해마다 그의 봄이
꽃처럼
그렇게 피었으면

클로버

소복이 모여 앉은
클로버 사이로
네 잎이
눈에 들어온다

가만히 가
내민 손으로
빙그레 웃으며 오는
클로버

행운은 온데간데없고
세 잎 행복만
파랗게 웃고 있다

키 재기

거실 내림 벽에
우리 식구
키가 자라고 있다

두 딸은
그 자리 그대로
멈춰 있고

남편과 나는
아주 조금씩
내려오고 있다

한참이나 떨어져 있던
한결이
몇 개월 사이 5cm가 자랐다

손주만
신나는
키재기를 하고 있다

風

꽃을 피우기도 하고
남김없이
지우기도 한다

고독한 누군가의 마음을 보고
저만치에서 걸어오는 바람
문 닫으면
흔들리지 않아요

하나

비 내리는 숲으로
들어간다

나목 사이로 오가는 바람
바람 따라
비가 난다

비는 눈이 되어 날리고
다시
바람을 쫓는다

빗물에 젖은 눈
속절없이
물이 된다

눈과 비
서로가 되어가고 있다

하늘

어린 내 기억 속
나무 대문 앞마당으로
파란 하늘이 내려오면

햇살은
마루 끝에 걸터앉아
몸을 비벼댄다

가만히 올려다 본
네모난 하늘
앞마당을 맴돌고 있다

상처

멀쩡한 발에
밴드가 붙여진 순간
세 살 한결이는
상처가 생겼다

절뚝이며 걷는 걸음
한참 동안 울어대며
눈에 가득한
눈물을 쏟아낸다

딸아이의 장난은
웃음으로 시작되었고
밴드에 갇힌 손주는
기억날 때마다
울음으로 상처를 달랜다

할아버지

군인인 큰아들을
전쟁터에서 잃고
차마 떨쳐내지 못한
설운 삶

기골이 장대한
할아버지를 기억하는
가장이 된 아버지는
고작 열일곱 살이었다

내 상상 속
할아버지는
왜 늘 작고 왜소한지

할아버지를 이야기하던
머리숱이 휑한 아버지는
언제나
짙은 그리움의 그림자가 있었다

행복

한나절
물 한 모금 마시지 못하고
늦은 시간에야
검사의 전쟁이 끝났다

죽 몇 술이 들어가고
서둘러 노란 귤껍질을 벗겨
입에 넣는다

새콤달콤한 행복이
앞다퉈
들어간다

혼돈

낙엽이 바람에 흩날려도
홀로 새파랗던 덩굴
지난밤 내린 된서리에
잔뜩 풀 죽어
고개 떨구었다

찬바람만 오가는 길목에 핀
진달래꽃
계절을 잊은 채
겨울 속에서
두 번째 봄을 살고 있다

제목 : 너의 이름으로

초판 1쇄 인쇄 2024년 11월 22일
초판 1쇄 발행 2024년 12월 05일

지은이 : 한경옥
펴낸이 : 서인석
편집 및 디자인 : 서인석 · 서윤희
펴낸곳 : 도서출판 열린동해문학
〈등록 제 573-2017-000013호〉
주소 : 충북 청주시 서원구 모충로 93 1층 101호
HP : 010-7476-3801
팩스 : 043-223-3801

ISBN 979-11-986990-5-3 (03800)

이 책의 판권은 저자와 출판사의 동의 없이 무단 및 복제를 금합니다. 파손된 책은 구입처에서 교환하여 드립니다.

이 도서의 국립중앙도서관 출판시 서지정보유통지원 시스템 홈페이지(http://seoji.nl.go.kr)와 국가자료공동목록시스템 (http:nl.go.kr/kolisnet)에서 이용하실 수 있습니다.